Le avventure di

BILINGUAL SHORT STORIES
in ITALIAN
FOR BEGINNERS

A1-A2

Italian-English
Dual Language

Leonardo Mancini

Copyright © 2023 Leonardo Mancini.

All rights reserved

The characters and events portrayed in this book are fictitious. Any similarity to real persons, living or dead, is coincidental and not intended by the author.

No part of this book may be reproduced, or stored in a retrieval system, or transmitted in any form or by any means, electronic, mechanical, photocopying, recording, or otherwise, without express written permission of the publisher.

Ciao! Welcome to 'Le Avventure di Marco: Bilingual Short Stories in Italian for Beginners.' In this captivating collection, we embark on a journey through the life of Marco, following his adventures and meeting his friends. As you immerse yourself in these tales, you'll not only discover his life but also enhance your Italian language skills. Each short story is carefully crafted to provide an enjoyable and accessible reading experience for beginners, allowing you to build your vocabulary and comprehension. Below each paragraph you'll find the English translation, so you'll always feel safe along the way. You will also find creative writing activities so you can practice your Italian writing skills and have fun. Now get ready and start discovering Marco's life!

Marco e la sua famiglia
Marco and his family

Marco ha sedici anni. È uno studente e va a scuola. Vive con la mamma e il papà. Marco non ha fratelli, è figlio unico.

Marco is sixteen years old. He is a student and goes to school. He lives with his mother and father. Marco has no siblings, he is an only child.

Il papà di Marco ha una bella macchina blu, ma è sporca. Non ha tempo di pulirla, è sempre occupato. È un avvocato e ha molto lavoro, passa molto tempo fuori casa.

Marco's dad has a nice blue car, but it's dirty. He doesn't have time to clean it, he's always busy. He is a lawyer and has a lot of work, he spends a lot of time away from home.

La madre di Marco è una giornalista e lavora molto. Viaggia molto per lavoro. Anche se sono molto impegnati, la mamma e il papà di Marco trovano sempre il tempo di stare con lui e di sostenerlo in tutto.

Marco's mother is a journalist and also works a lot. She travels a lot for work. Even though they are very busy, Marco's mom and dad always find time to be with him and support him in everything.

La famiglia di Marco è molto unita. Nei fine settimana vanno al parco o in spiaggia e si divertono molto.

Marco's family is very close. On weekends they go out to the park or the beach and have a lot of fun.

Marco ama molto gli animali. Ha un cane e un gatto. Il cane si chiama Lucas e il gatto Zafiro. Marco passa molto tempo con loro.

Marco is very fond of animals. He has a dog and a cat. The dog's name is Lucas and the cat's name is Zafiro. Marco spends a lot of time with them.

Il gatto di Marco è bianco e ha gli occhi azzurri. Il cane di Marco è nero e ha gli occhi verdi. Il gatto di Marco è nella stanza, sopra il letto.

Marco's cat is white and has blue eyes. Marco's dog is black and has green eyes. Marco's cat is in the room, on top of the bed.

Anche il cane di Marco è nella stanza, sotto il letto. Lucas e Zaffiro sono buoni amici, giocano insieme. Marco vuole molto bene a Lucas e a Zaffiro.

Marco's dog is in the room too, under the bed. Lucas and Zafiro are good friends, they play together. Marco loves Lucas and Zafiro very much.

Com'è il vostro animale domestico?
What is your pet like?

Marco ha due animali domestici, il cane Lucas e il gatto Zafiro. Tu hai qualche animale? Scrivi una descrizione del tuo animale o di quello di un amico o parente. *Marco has two pets, Lucas the dog and Zafiro the cat. Do you have any pets? Write a description of your pet or the pet of a friend or relative.*

_____

_____

_____

_____

_____

_____

_____

Il diario di Marco

Marco's diary

Marco ha un diario, che scrive ogni giorno. Leggi il diario di Marco:

Marco has a diary, he writes in the diary every day. Read Marco's diary:

Caro diario,
Oggi voglio raccontarti la mia routine quotidiana. Al mattino mi sveglio presto, alle 6.30. Mi vesto e faccio colazione con mia madre prima di andare a scuola.

Dear Diary,
Today I want to tell you about my daily routine. In the mornings, I wake up early at 6:30 a.m. I get dressed and have breakfast with my mom before going to school.

Prendo lo scuolabus alle 7.30 e arrivo a scuola alle 8.00. Devo andare a scuola alle 8.00. Durante la mattina frequento diverse classi, come matematica, scienze e lingue.

I take the school bus at 7:30 a.m. and arrive at the school at 8:00 a.m. I have to be at school by 8:00 a.m. *During the morning, I attend different classes such as math, science and language.*

Alle 12:00 facciamo una pausa pranzo in mensa. Dopo pranzo, torno in classe fino alle 15:00.
At 12:00 p.m., we have a lunch break in the cafeteria. After lunch, I return to class until 3:00 p.m.

Quando esco da scuola, torno a casa a piedi con i miei amici e arrivo verso le 15.30. A casa faccio i compiti e studio per gli esami.
When I get out of school, I walk home with my friends and arrive around 3:30 pm. At home, I do my homework and study for exams.

Non mi piacciono i compiti di matematica, mi annoiano molto, ma mi piacciono molto i compiti di storia. Studio sempre molto per gli esami di storia e ottengo quasi sempre i voti migliori.
I don't like math homework, it bores me a lot, but I really enjoy history homework. I always study hard for history exams and almost always have the best grades.

A volte gioco un po' con i videogiochi o leggo un libro. Alle 18.30 ceniamo insieme come famiglia e condividiamo le esperienze della giornata.

Sometimes, I play video games for a while or read a book. At 6:30 p.m., we have dinner together as a family and share our experiences of the day.

Dopo cena, passo il tempo con i miei animali domestici, Lucas e Zaffiro. Giochiamo insieme e mi prendo cura di loro. Prima di andare a letto alle 22:00, mi lavo i denti, indosso il pigiama e leggo un libro a letto per un po'.

After dinner, I spend time with my pets, Lucas and Zafiro. We play together and I take care of them. Before going to bed at 10:00 p.m., I brush my teeth, put on my pajamas and read a book in bed for a while.

Infine, chiudo gli occhi e mi addormento per riposare.

Finally, I close my eyes and fall asleep to rest.

Scrivi il tuo diario *Write your diary*
Scrivi la tua routine quotidiana in una giornata tipo, dal momento in cui ti svegli a quello in cui vai a letto. Non dimenticare nulla! *Write down what your daily routine is like on a typical day from the time you wake up until you go to bed. Don't forget anything!*

Marco e Michele

Marco and Michele

Marco ha molti amici. Oggi è sabato e lui è in gelateria. Anche i suoi amici vengono in gelateria perché a loro piace molto il gelato.

Marco has many friends. Today is Saturday and he is at the ice cream shop. His friends also come to the ice cream shop because they like ice cream very much.

Marco ama il gelato al cioccolato e alla fragola. Lui e i suoi amici mangiano volentieri il gelato e vanno in gelateria ogni fine settimana.

Marco loves chocolate and strawberry ice cream. He and his friends enjoy eating ice cream and go to the ice cream parlor every weekend.

Uno degli amici della gelateria è Michele, il migliore amico di Marco. Michele ha i capelli neri e gli occhi marroni. È molto intelligente e studioso, il migliore della classe.

One of the friends at the ice cream shop is Michele, Marco's best friend. Michele has black hair and brown eyes. He is very intelligent and studious, the best student in the class.

Ora Marco parla con Michele:
Now Marco talks to Michele:

Marco: Mmm, questo gelato al cioccolato è delizioso. Ti piace il gelato al cioccolato?
Michele: Sì, Marco, è delizioso. Ma il mio preferito è quello alla vaniglia. Mi piace il suo gusto morbido e cremoso.
Marco: Mmm, this chocolate ice cream is delicious. Do you like chocolate ice cream, Michele?
Michele: Yes, Marco, it's exquisite. Although my favorite is the vanilla. I love its smooth and creamy flavor.

Marco: Sì, lo so, Michele! Ma ognuno ha le sue preferenze. Che ne dici se dopo andiamo in libreria?
Michele: Penso che sia fantastico! Mi piace esplorare nuovi libri e scoprire storie appassionanti.
Marco: Yes, I know, Michele, but everyone has their own preferences. What do you say we go to the bookstore after this?

Michele: I think it's great! I love exploring new books and discovering exciting stories.

Dopo aver gustato il gelato, Marco e Michele vanno in una libreria. È un posto grande con tanti libri. Cercano un libro divertente, perché amano leggere.

After enjoying their ice cream, Marco and Michele go to a bookstore. It is a big place with lots of books. They are looking for a fun book, as they love to read.

A Michele piacciono i libri di fantascienza e a Marco quelli di storia. Michele compra un libro, mentre Marco non può comprarlo perché oggi non ha soldi.

Michele likes science fiction books and Marco likes history books. Michele buys a book, while Marco can't buy any because he doesn't have any money today.

Il diario di Michele

Michele's Diary

Anche Michele ha un diario! Scrive sul diario ogni giorno. Leggi il suo diario:

Michele also has a diary! He writes in the diary every day. Read his diary:

Caro diario: Oggi abbiamo trascorso una bella giornata con Marco in gelateria e in libreria. Ci piace mangiare il gelato, Marco preferisce il gelato al cioccolato e io sono più un fan del gelato alla vaniglia.

Dear Diary: Today we spent a great day with Marco at the ice cream shop and the bookstore. We love to eat ice cream, Marco prefers chocolate and I am more of a fan of vanilla ice cream.

Dopo aver finito il gelato, abbiamo deciso di visitare la libreria. È enorme e ha una grande selezione di libri.

After finishing our ice cream, we decided to visit the bookstore. It is huge and has a great selection of books.

Sono affascinato dalla fantascienza, amo immergermi in storie futuristiche ed esplorare nuovi mondi nella mia immaginazione.

I am fascinated by science fiction, I love to dive into futuristic stories and explore new worlds in my imagination.

Marco, invece, è interessato alla storia. Marco è il mio migliore amico. Scopriamo sempre cose nuove e condividiamo le nostre esperienze.

Marco, on the other hand, is interested in history. Marco is my best friend. We are always discovering new things and sharing our experiences.

Impariamo molto l'uno dall'altro e sosteniamo le preferenze e i gusti dell'altro. A domani, caro diario.

We learn a lot from each other and support each other in our preferences and tastes.
See you tomorrow, dear diary.

A casa di Michele
At Michele's house

Ora vanno a casa di Michele. Michele ha sedici anni, la stessa età di Marco. Vive con la mamma, il papà e due sorelle.
Now they go to Michele's house. Michele is sixteen years old, the same age as Marco. He lives with his mom, dad and two sisters.

La sorella maggiore si chiama Flora e ha vent'anni. Studia all'università ed è molto carina e simpatica. La sorella minore si chiama Sofia e ha quattordici anni. È molto timida e non parla molto.
The older sister's name is Flora and she is twenty years old. She studies at the university and is very pretty and nice. The younger sister's name is Sofia and she is fourteen years old. She is very shy and doesn't talk much.

La stanza di Michele è piccola, ma ha una finestra molto grande con una bella vista sul giardino. Le pareti sono verdi, il colore preferito di Michele.

Michele's room is small but has a very large window with a beautiful view of the garden. The walls are green, as it is Michele's favorite color.

Nella stanza ci sono un letto, un tavolo, una sedia e uno scaffale con dei libri. Michele ha molti libri, alcuni sullo scaffale e altri sul tavolo.
In the room there is a bed, a table, a chair and a shelf with books. Michele has many books, some on the shelf and some on the table.

Sul tavolo ha anche quaderni e matite, anche di vari colori. Inoltre, ha un computer.
He also has notebooks and pencils on the table, including pencils of various colors. In addition, he has a computer.

Marco: Michele, la tua stanza è molto accogliente. Mi piace il colore verde delle pareti e il modo in cui hai organizzato i libri. È un posto molto rilassante.
Marco: Michele, your room is very cozy. I love the green color of the walls and how you have your books organized. It is a very relaxing place.

Michele: Grazie, Marco. Mi piace avere un ambiente tranquillo per leggere i miei libri. Inoltre, mi aiuta avere tutto in ordine, così posso studiare e fare i compiti più facilmente.

Michele: Thank you, Marco. I like to have a quiet environment to read my books. Also, it helps me to have everything in order to study and do my homework more easily.

Marco: Mi sento molto a mio agio qui. E il computer sulla tua scrivania, per cosa lo usi?
Michele: Lo uso per giocare ai videogiochi e ogni tanto mi piace scrivere storie di fantascienza.

Marco: I feel very comfortable here. And the computer on your desk, what do you use it for?
Michele: I use it to play video games and sometimes I like to write science fiction stories.

Marco: Sembra fantastico! Mi piacerebbe leggere le tue storie un giorno.
Michele: Certo! Un altro giorno potremmo leggere una delle mie storie, ma oggi voglio giocare.

Marco: That sounds great! I'd love to read your stories someday.

Michele: Sure! Another day we could read one of my stories, but today I want to play.

Marco: A cosa vuoi giocare?
Michele: Un nuovo videogioco molto interessante. È un regalo di mio zio Giuseppe. Ora accendo il computer.
Marco: What do you want to play?
Michele: A very interesting new video game. It is a gift from my uncle Giuseppe. Now I turn on the computer.

> ## La tua camera *Your room*
> **Abbiamo conosciuto la stanza di Michele, ora tu descrivi la tua stanza.** *We got to know Michele's room, now you describe your room.*

_____
_____
_____
_____
_____
_____
_____
_____

Marco e Michele giocano
Marco and Michele play

Marco e Michele stanno giocando a un emozionante gioco al computer. Controllano due personaggi che esplorano una foresta magica alla ricerca di tesori nascosti.

Marco and Michele are playing an exciting computer game. They control two characters who explore a magical forest in search of hidden treasures.

Mentre giocano, scoprono un forziere rosso dietro un albero: è un tesoro! All'interno del forziere trovano un'antica mappa che indica la posizione di un altro tesoro ancora più grande. Entrambi sono entusiasti e decidono di andare alla sua ricerca.

While playing, they discover a red chest behind a tree - it's treasure! Inside the chest, they find an ancient map showing the location of another, even bigger treasure. They both get excited and decide to go in search of it.

Seguendo la mappa, camminano lungo sentieri circondati da alti alberi e fiori multicolori. Infine, raggiungono una grotta.
Following the map, they walk along paths surrounded by tall trees and multi-colored flowers. Finally, they reach a cave.

Entrando, scoprono rocce incandescenti e ossa antiche. Questo è il posto del tesoro, ma c'è un drago imponente e potente che lo sorveglia.
Upon entering, they discover glowing rocks and ancient bones. This is the place of treasure, but there is an imposing and powerful dragon guarding it.

Il drago ha gli occhi rossi e sputa fuoco dalla bocca. Sebbene spaventati, affrontano coraggiosamente il drago in una difficile battaglia e alla fine lo sconfiggono. Il drago vola via.
The dragon has red eyes and spews fire from its mouth. Although frightened, they bravely face the dragon in a difficult battle and finally defeat it. The dragon escapes by flying away.

Marco e Michele trovano un forziere luccicante pieno di monete d'oro. Sono pieni di gioia e felicità.

Marco and Michele find a shiny chest full of gold coins. They are filled with joy and happiness.

Tempo libero *Free time*
Marco e Michele giocano ai videogiochi nel tempo libero. Le persone hanno molti hobby diversi a seconda dei loro gusti. Cosa ti piace fare nel tempo libero? *Marco and Michele play video games in their free time. People have many different hobbies depending on their tastes. What do you like to do in your free time?*

_____
_____
_____
_____
_____
_____
_____
_____
_____

Il diario del drago
The dragon's diary

Marco e Michele notano un'altra cassa, una cassa di legno. Incuriositi, la aprono e scoprono un quaderno al suo interno. Decidono di aprire il quaderno e di leggerlo...
Marco and Michele notice another box, a wooden box. Curious, they open it and discover a notebook inside. They decide to open the notebook and read it...

È il diario del drago! Entrambi sono impressionati e pensano che sia affascinante avere l'opportunità di leggere la vita privata di un drago.
It's the dragon's diary! They are both impressed and think it is fascinating to have the opportunity to read about the private life of a dragon.

Il drago descrive ciò che fa ogni giorno, leggi il diario del drago: *The dragon describes what he does every day, read the dragon's diary:*

Caro diario,
Oggi voglio raccontarti la mia giornata da drago nella caverna. Al mattino mi sveglio e sgranchisco le ali. Spiro fuoco e riscaldo il mio focolare. Raccolgo le ossa antiche e le organizzo.

Dear diary, Today I want to tell you about my day as a dragon in the cave. In the morning, I wake up and stretch my wings. I breathe fire and warm my hearth. I gather the ancient bones and organize them.

Poi sorvolo la foresta per tenere d'occhio tutto. A volte gioco in aria. Poi torno alla grotta e leggo libri di magia molto antichi in diverse lingue. La sera mi esercito a combattere.

Then I fly over the forest to keep an eye on everything. Sometimes, I play in the air. Then I go back to the cave and read very old magic books in different languages. I practice my fighting skills in the afternoon.

Dopo il tramonto proteggo il mio tesoro e mi riposo sulla mia montagna di monete d'oro.

Domani sarà un altro giorno emozionante nella mia vita da drago.
A presto,
Il drago

After sunset I protect my treasure and rest on my mountain of gold coins. Tomorrow will be another exciting day in my dragon life.
See you soon,
The dragon

Che aspetto ha il drago? *What does the dragon look like?*
Sappiamo già che il drago ha gli occhi rossi, ma questa è l'unica descrizione del suo aspetto. Come ti immagini il drago? Descrivilo. *We already know that the dragon has red eyes, but this is the only description of its appearance. How do you imagine the dragon? Describe it.*

_____
_____
_____
_____
_____
_____

Una sorpresa in cucina
A surprise in the kitchen

Dopo due ore di gioco, Marco e Michele hanno fame e sete. Decidono di fare una pausa per mangiare. Vanno in cucina e mangiano biscotti al cioccolato e bevono succo d'arancia.

After playing for two hours, Marco and Michele are hungry and thirsty. They decide to take a break to eat They go to the kitchen and eat chocolate chip cookies and drink orange juice.

Anche Flora, la sorella di Michele, è in cucina e mangia con loro. Parlano della scuola e dei loro amici. A Flora piace molto andare all'università.

Michele's sister Flora is also in the kitchen and eats with them. They talk about school and their friends. Flora likes going to college very much.

Dice che gli insegnanti sono molto esigenti e gli esami sono molto difficili, ma è molto divertente imparare cose nuove.

She says the teachers are very demanding and the exams are very difficult, but it is a lot of fun to learn new things.

È una brava studentessa ed è anche molto brava nello sport. Gioca a pallavolo e a basket ogni settimana.
She is a good student and is also very good at sports. She plays volleyball and basketball every week.

Marco: Flora, raccontaci un po' dell'università.
Flora: Beh, l'università è una grande sfida, ma mi piace molto. I professori sono esigenti e gli esami sono difficili, ma imparare cose nuove è molto divertente. Mi piace anche fare sport. Gioco a pallavolo e a basket ogni settimana.
Marco: Flora, tell us a little about college.
Flora: Well, college is a big challenge, but I like it a lot. The professors are demanding and the exams are difficult, but learning new things is a lot of fun. I also love participating in sports. I play volleyball and basketball every week.

Michele: Sembra fantastico, Flora! Lei ha molto talento, come vanno i suoi corsi?
Flora: Grazie, Michele. Sono una brava studentessa, mi impegno molto. Ma mi piace anche fare esercizio fisico e mantenermi attiva. È importante trovare un equilibrio tra studio e sport.

Michele: That sounds amazing, Flora! You are very talented. And how are you doing in your classes?
Flora: Thank you, Michele. I'm a good student, I try very hard. But I also enjoy exercising and staying active. It's important to balance study and sports.

Mentre mangiano e parlano, sentono uno strano rumore all'interno di un mobile della cucina. Flora è molto spaventata, pensa che ci sia un topo in cucina. Non le piacciono i topi. Ma non c'è nessun topo. Marco apre l'anta del mobile e trova un piccolo gatto giallo.

While they are eating and talking, they hear a strange noise inside a kitchen cabinet. Flora is very scared, she thinks there is a mouse in the kitchen. She doesn't like mice. But there is no mouse. Marco opens the door of the cabinet and finds a small yellow cat.

Michele: Guarda! Non è un topo, è un gatto. Sembra smarrito e spaventato.
Flora: Poverino. Deve avere fame e sete. Diamogli qualcosa da mangiare e da bere.

Michael: Look! It's not a mouse, it's a cat. He looks lost and scared.
Flora: Poor thing. He must be hungry and thirsty. Let's give him something to eat and drink.

Marco e Michele danno cibo e acqua al gatto, che mangia e beve volentieri. A poco a poco il gatto si sente meglio.

Marco and Michele give food and water to the cat, who eats and drinks eagerly. Little by little the cat feels better.

Flora decide di adottare il gatto e lo chiama Sol, perché è giallo come il sole. Ora la famiglia di Michele ha un nuovo animale domestico e tutti si godono la sua compagnia in casa.

Flora decides to adopt the cat and names him Sol, because he is yellow like the sun. Now Michele's family has a new pet and everyone enjoys his company in the house.

Una giornata in spiaggia
A day on the beach

Marco e la sua famiglia decidono di trascorrere una giornata in spiaggia. C'è il sole e il cielo è sereno. Portano con sé asciugamani, crema solare e una borsa frigo piena di cibo, tanto cibo!

Marco and his family decide to spend a day at the beach. It's sunny and the sky is clear. They bring towels, sunscreen and a cooler full of food - lots of food!

Quando raggiungono la spiaggia, Marco corre in acqua e si tuffa. A Marco piace molto nuotare. L'acqua è un po' fredda, ma è molto rinfrescante perché fa caldo.

When they get to the beach, Marco runs into the water and dives in. Marco likes swimming very much. The water is a bit cold, but this is very refreshing because it is hot.

La mamma di Marco stende il suo asciugamano sulla sabbia e si siede per riposare. Il papà di Marco tira fuori una palla

e inizia a giocare con Lucas, il cane. Marco esce dall'acqua e decide di unirsi a papà e Lucas per giocare con la palla.

Marco's mom spreads her towel on the sand and sits down to rest. Marco's dad takes out a ball and starts playing with Lucas, the dog. Marco gets out of the water and decides to join dad and Lucas' game with the ball.

Dopo aver giocato, decidono di mangiare. Aprono il frigorifero e tirano fuori panini e frutta. Ci sono mele, banane, anguria, ananas e altri frutti. Si siedono tutti sull'asciugamano e si godono il loro picnic sulla spiaggia.

After playing, they decide to eat. They open the fridge and take out sandwiches and fruits. There are apples, bananas, watermelon, pineapple and other fruits. They all sit on the towel and enjoy their picnic on the beach.

Dopo pranzo, Marco e suo padre decidono di costruire un castello di sabbia. Usano pale e secchi per costruire torri e muri. È divertente lavorare insieme.

After lunch, Marco and his dad decide to build a sand castle. They use shovels and buckets to make towers and walls. It's fun to work together.

Nel frattempo, la madre di Marco si rilassa sotto l'ombrellone e legge un libro. Si gode il rumore delle onde e la brezza marina.
Meanwhile, Marco's mom relaxes under an umbrella and reads a book. She enjoys the sound of the waves and the sea breeze.

Dopo aver terminato il castello, Marco e suo padre vanno di nuovo in acqua. Questa volta portano con sé una tavola da surf. Vogliono provare a fare surf sulle onde.
After finishing the castle, Marco and his dad approach the water again. This time they are carrying a surfboard. They want to try to surf the waves.

Marco sale sulla tavola e pagaia verso il mare. Aspetta pazientemente una buona onda e, quando arriva, si alza in piedi e fa surf. Si sente eccitato e pieno di energia.
Marco gets on the board and paddles out to sea. He waits patiently for a good wave and, when it

comes, he stands up and surfs. He feels excited and full of energy.

La giornata passa velocemente e il sole inizia a tramontare. È ora di partire. Marco saluta la spiaggia con il sorriso sulle labbra. Sulla via del ritorno a casa, si sente stanco ma molto felice.

The day passes quickly and the sun begins to set. It is time to leave. Marco says goodbye to the beach with a smile on his face. On the way back home, he feels tired but very happy.

Le vacanze *Vacations*
La famiglia di Marco ama la spiaggia. A te piace la spiaggia o preferisci la foresta o la montagna? Perché? *Marco's family enjoys the beach. Do you like the beach or do you prefer the forest or the mountains? Where do you prefer to go on vacation and why?*

_____
_____
_____
_____
_____

Una gita allo zoo

A trip to the zoo

Marco e la sua classe vanno in gita allo zoo. Sono entusiasti di vedere animali provenienti da tutto il mondo.

Marco and his class are going on a field trip to the zoo. They are excited to see animals from all over the world.

Quando arrivano, vengono divisi in gruppi e ricevono le mappe dello zoo. Marco è nel gruppo del suo migliore amico, Michele.

When they arrive, they are divided into groups and given maps of the zoo. Marco is in the group of his best friend, Michele.

Il primo animale che si vede è un elefante. È grande e ha una lunga proboscide. A tutti piace guardare l'elefante che fa il bagno con la proboscide.

The first animal they see is an elephant. It is big and has a long trunk. Everyone likes to watch the elephant bathe with its trunk.

Poi vanno a vedere le scimmie. Le scimmie saltano da un ramo all'altro e si dondolano. Le scimmie mangiano banane. Fanno i pagliacci e fanno ridere tutti.

Then they go to see the monkeys. The monkeys jump from branch to branch and swing. The monkeys eat bananas. They clown around and make everyone laugh.

Poi vanno nella sezione dei leoni. Ci sono cinque leoni, tutti molto belli. I leoni sono forti e maestosi. Sono sdraiati al sole e si riposano.

Then they go to the lion section. There are 5 lions, all very beautiful. Lions are strong and majestic. They are lying in the sun and having a rest.

Continuano il loro percorso e arrivano all'area dei pinguini. I pinguini camminano goffamente e fanno dei rumori strani. Marco e Michele si fanno una bella risata alla loro vista.

They continue their tour and arrive at the penguin area. The penguins walk awkwardly and make funny noises. Marco and Michele laugh a lot when they see them.

Finalmente arrivano all'acquario. Ci sono pesci colorati che nuotano in grandi vasche d'acqua. Marco si meraviglia alla vista delle diverse specie marine.

Finally, they arrive at the aquarium. There are colorful fish swimming in large tanks of water. Marco marvels at the sight of the different marine species.

Dopo aver visitato lo zoo, si siedono in un'area picnic per il pranzo. Ognuno apre il proprio cestino del pranzo e condivide il cibo con gli amici.

After touring the zoo, they sit in a picnic area for lunch. Everyone opens their lunch box and shares food with their friends.

Mentre mangiano, Marco e Michele parlano della visita allo zoo:
Michele: Wow, quell'elefante è fantastico! Mi piace guardarlo mentre fa il bagno con la proboscide. Sai che gli elefanti sono i miei animali preferiti?

While eating, Marco and Michele talk about the visit to the zoo:

Michele: Wow, that elephant is awesome! I love to see how he bathes with his trunk. You know that elephants are my favorite animals?

Marco: Sì, mi ricordo. Ti piacciono molto gli elefanti. Sono animali molto interessanti. Ma io adoro le scimmie, sono così divertenti! Saltano da un ramo all'altro e si dondolano, sono così simili agli esseri umani.
Marco: Yes, I remember. You like elephants very much. They are very interesting animals. But I love monkeys, they are so funny! They jump from branch to branch and swing, they are so similar to human beings.

Michele: È vero! Le scimmie sono molto simili agli esseri umani. Anche io amo i leoni. Mi fanno un po' paura, ma sono così forti. Vorrei essere forte come un leone.
Michael: It's true! Monkeys are very similar to human beings. I love lions too. They scare me a little bit, but they are so strong. I would like to be as strong as a lion.

Marco: Sì, i leoni sono davvero impressionanti. Ma anche i pinguini sono

fantastici. Mi fanno molto ridere quando li vedo.
Marco: Yes, the lions are really impressive. But the penguins are also fantastic. I laugh a lot when I see them.

Michele: Ha ha ha! I pinguini sono sempre adorabili e fanno ridere tutti. Ma la mia parte preferita è l'acquario. Ci sono così tanti pesci, rossi, gialli, blu... Ci sono pesci di tutti i colori.
Michele: Ha ha ha! The penguins are always adorable and make everyone laugh. But my favorite part is the aquarium. There are so many fish, red, yellow, blue... There are fish of all colors.

Marco: Sì, i pesci sono bellissimi. Qual è il tuo animale preferito in generale, Michele?
Michele: È difficile scegliere! Ma credo che sceglierò gli elefanti. Le loro dimensioni e la loro intelligenza mi affascinano. E tu, qual è il tuo animale preferito?
Marco: Yes, fish are beautiful. What is your favorite animal in general, Michele?
Michele: It's hard to choose! But I think I'll go with elephants. Their size and intelligence fascinate me. And you, what is your favorite animal?

Marco: È difficile sceglierne uno, perché mi piacciono tutti, ma credo che le scimmie siano quelle che mi piacciono di più. Le loro buffonate e la loro agilità mi stupiscono. Ma in generale, tutti gli animali sono fantastici.

Marco: Well, it's hard to choose one because I like them all, but I think the monkeys are the ones I enjoy the most. Their mischief and agility amaze me. But in general, all animals are amazing.

Dopo pranzo, scattano una foto per ricordare la giornata. Sono felici e grati per l'opportunità di vedere tanti animali straordinari.

After lunch, they take a photo to remember the day. They are happy and grateful for the opportunity to see so many amazing animals.

Il compleanno di Marco
Marco's birthday

Oggi è il compleanno di Marco e lui è molto emozionato: ha compiuto diciassette anni! Al mattino, la mamma di Marco gli prepara una colazione speciale.

Today is Marco's birthday and he is very excited - he is now seventeen! In the morning, Marco's mom prepares a special breakfast for him.

Ci sono pane tostato, uova strapazzate, succo d'arancia e un dolce. Marco è felice e ringrazia la madre per la deliziosa colazione. Oggi pomeriggio, la sua famiglia e i suoi amici si riuniranno a casa sua per festeggiare.

There is toast, scrambled eggs, orange juice and a sweet. Marco is happy and thanks his mom for the delicious breakfast. This afternoon, his family and friends will gather at his house to celebrate.

Arriva la sera e cominciano ad arrivare gli ospiti. Zia Roberta, zio Leo, nonno e nonna, oltre al loro amico Michele e a sua sorella Flora.

The afternoon arrives and the guests begin to arrive. Aunt Roberta, Uncle Leo, grandfather and grandmother, as well as their friend Michele and his sister Flora.

Marco dà il benvenuto a tutti e li ringrazia per essere venuti. La mamma di Marco porta una torta al cioccolato. La torta ha diciassette candeline in cima. Tutti cantano "Buon compleanno" mentre Marco spegne le candeline.

Marco welcomes everyone and thanks them for coming. Marco's mom brings a chocolate cake. The cake has seventeen candles on top. Everyone sings "Happy Birthday" as Marco blows out the candles.

La madre di Marco taglia la torta e la condivide con tutti. La torta è dolce e deliziosa. Tutti ne gustano ogni morso.
Marco's mom cuts the cake and shares it with everyone. The cake is sweet and delicious. Everyone enjoys every bite.

Dopo aver mangiato la torta, Marco apre i regali della sua famiglia e dei suoi amici. La

mamma gli regala una calda sciarpa e il papà un libro di avventure.

After eating the cake, Marco opens presents from his family and friends. His mom gives him a warm scarf and his dad gives him an adventure book.

I nonni gli regalano una nuova maglietta, gli zii un paio di pantaloni e Michele un videogioco che gli è piaciuto molto. Flora, la sorella di Michele, le regala un libro sull'antico Egitto.

His grandparents give him a new T-shirt, his aunt and uncle give him a pair of pants and Michele gives him a video game he loved very much. Flora, Michele's sister, gives him a book about ancient Egypt.

Dopo aver aperto i regali, decidono di fare dei giochi divertenti. Giocano alle sedie musicali e agli indovinelli. Ridono molto e si divertono insieme.

After opening the gifts, they decide to play fun games. They play musical chairs and riddles. They laugh a lot and have fun together.

Marco si innamora
Marco falls in love

Durante la festa, Marco nota che Flora è particolarmente radiosa e amichevole. La sua risata è contagiosa e i suoi occhi brillano quando interagisce con gli altri.
During the party, Marco notices that Flora is especially radiant and friendly. Her laughter is contagious and her eyes sparkle when she interacts with others.

Con il passare delle ore, Marco si rende conto di amare la compagnia di Flora e si gode ogni conversazione che fanno insieme.
As the hours pass, Marco realizes that he really likes Flora's company and enjoys every conversation they have together.

Marco comincia a sentire le farfalle nello stomaco ogni volta che la vede. Ma è già buio e la festa sta per finire. Gli invitati salutano e abbracciano Marco. Lui è stanco ma felice.
Marco begins to feel butterflies in his stomach every time he sees her. But it is already dark and

the party is coming to an end. The guests say goodbye and give Marco hugs. He is tired but happy.

Dopo che tutti gli ospiti si sono salutati e la casa è di nuovo tranquilla, Marco si siede nella sua stanza e riflette sui suoi sentimenti per Flora. Decide di scrivere sul suo diario per esprimere i suoi pensieri:

After all the guests say goodbye and the house returns to quiet, Marco sits in his room and reflects on his feelings for Flora. He decides to write in his journal to express his thoughts:

Caro diario,
Oggi è il mio diciassettesimo compleanno. La mia mente è piena di pensieri e il mio cuore batte più forte. Credo che mi piaccia Flora, la sorella di Michele. Mi piace molto.

Dear Diary,
Today is my seventeenth birthday. My mind is full of thoughts and my heart is beating faster. I think I like Flora, Michele's sister. I like her a lot.

Ogni volta che siamo insieme, sento un legame unico e una felicità difficile da

descrivere a parole. Flora è bella, intelligente e affascinante. Il suo sorriso illumina qualsiasi stanza e il suo modo di essere mi affascina.

Every time we are together, I feel a unique connection and a happiness that is hard to describe in words. Flora is beautiful, intelligent and charming. Her smile lights up any room and her way of being captivates me.

**Non posso fare a meno di pensare a lei e a come sarebbe trascorrere più tempo insieme, conoscersi meglio e condividere momenti speciali. Mi piacerebbe scoprire se lei prova lo stesso sentimento per me.
A domani, caro diario.**

I can't help but think about her and what it would be like to spend more time together, getting to know each other better and sharing special moments. I'd like to find out if she feels the same way about me.

See you tomorrow, dear diary.

Marco mette via il diario e si sdraia sul letto, con il sorriso sulle labbra e la speranza nel cuore.

Marco puts away his diary and lies down on his bed, with a smile on his face and hope in his heart.

Una lettera d'amore *A love letter*
Ti piace qualcuno/a? Scrivi una lettera d'amore a questa persona speciale. Se al momento non ti piace nessuno, immagina di scrivere a una persona immaginaria che ti piace. *Do you like someone? Write a love letter to this special person. If you don't like anyone at the moment, imagine writing to an imaginary person you like.*

_____

_____

_____

_____

_____

_____

_____

_____

_____

_____

_____

_____

_____

_____

_____

_____

Marco parla con Flora
Marco talks to Flora

Il giorno dopo, Marco va a fare una passeggiata nel parco con il cane Lucas. Improvvisamente, Marco nota Flora seduta su una panchina a leggere. Marco decide di cogliere l'occasione per parlare con Flora.

The next day, Marco goes for a walk in the park with Lucas the dog. Suddenly, Marco notices Flora sitting on a park bench reading. Marco decides to take the opportunity to talk to Flora.

Mentre cammina verso di lei, il suo cuore batte forte. Non sa come esprimerle i suoi sentimenti, ma sa che deve provarci.
Marco si avvicina lentamente, sentendo un nodo alla gola. Tuttavia, decide di farsi coraggio e si siede accanto a lei.

As he walks towards her, his heart is pounding. He doesn't know how to express his feelings to her, but he knows he must try. Marco approaches her slowly, feeling a lump in his throat. However, he decides to gather his courage and sits down next to her.

"Ciao, Flora", saluta Marco con un sorriso nervoso.

Flora alza lo sguardo dal suo libro e ricambia il sorriso. "Ciao, Marco, come stai?

"Hello, Flora," Marco greets with a nervous smile.

Flora looks up from the book and smiles back. "Hi, Marco, how are you?"

Marco si risistema sulla sedia, cercando le parole giuste. "Beh, grazie. Volevo dirti qualcosa... qualcosa di molto importante".

Flora aggrotta leggermente le sopracciglia, incuriosita. "Che c'è, Marco? Sembri un po' nervoso.

Marco settles back in his seat, searching for the right words. "Well, thank you. I wanted to tell you something... something very important."

Flora frowns slightly, intrigued. "What is it, Marco? You seem a little nervous."

Marco fa un respiro profondo e decide di essere diretto. "Senti, Flora, durante la festa di ieri ho capito una cosa. Mi piace molto la tua compagnia e sento qualcosa di più per te.

Marco takes a deep breath and decides to be direct. "Look, Flora, during the party yesterday I realized something. I really enjoy your company and I feel something more for you."

Gli occhi di Flora si allargano leggermente per la sorpresa. "Oh, davvero? E cosa senti esattamente?".
Flora's eyes widen slightly in surprise. "Oh, really, and what exactly do you feel?"

Marco si prende un momento per schiarirsi le idee. "Sento che tra noi c'è un legame speciale. Mi piace passare del tempo con te, voglio conoscerti meglio e condividere momenti speciali. Mi chiedo se anche tu provi qualcosa di simile".
Marco takes a moment to clarify his thoughts. "I feel there is a special connection between us. I like spending time with you, I want to get to know you better and share special moments. I wonder if maybe you feel something similar too."

Flora sorride dolcemente e posa una mano sulla mano di Marco. "Marco, devo farti una confessione. Anche a me piace molto la tua compagnia. Mi piace il tuo modo di essere e il

modo in cui mi fai ridere. Tuttavia, devo essere sincera con te. Ho già un fidanzato.

Flora smiles sweetly and places a hand on Marco's hand. "Marco, I have a confession to make. I really enjoy your company too. I like the way you are and the way you make me laugh. However, I have to be honest with you. I already have a boyfriend."

Il sorriso di Marco si spegne leggermente, ma apprezza l'onestà di Flora. "Capisco, Flora. Grazie per essere stata sincera con me."

Marco's smile fades slightly, but he appreciates Flora's honesty. "I understand, Flora. Thank you for being honest with me."

Flora stringe delicatamente la mano di Marco. "Marco, vorrei che rimanessimo amici. Sei una persona meravigliosa e tengo molto alla nostra amicizia".

Flora gently squeezes Marco's hand. "Marco, I would like to continue to be friends. You are a wonderful person and I value our friendship very much."

Marco annuisce, con un misto di delusione e accettazione negli occhi. "Certo, Flora.

Anch'io tengo alla nostra amicizia. Mi piacerebbe rimanere tuo amico".

Marco nods, a mixture of disappointment and acceptance in his eyes. "Of course, Flora. I also value our friendship. I'd like to remain your friend."

L'amicizia *Friendship*
Quali sono le qualità più importanti di un amico? Scrivi un esempio per ogni qualità.
What are the most important qualities in a friend? Write an example for each quality.

Marco parla con Michele
Marco talks to Michele

Dopo la conversazione con Flora, Marco decide di parlare con Michele, per avere maggiori informazioni sul suo ragazzo. Durante la lezione di chimica, Marco si avvicina a Michele e gli dice:

After the conversation with Flora, Marco decides to talk to Michele, to get more information about her boyfriend. During chemistry class, Marco approaches Michele and tells him:

"Sembra che Flora abbia un fidanzato, potresti dirmi qualcosa di più su di lui? Mi piacerebbe conoscere più dettagli".

"It looks like Flora has a boyfriend, could you tell me a little more about him? I'd like to know more details."

Michele risponde con un sorriso amichevole. "Certo, Marco! Il suo ragazzo si chiama Carlo. È un ragazzo che conosce all'università. Studiano insieme e sono compagni di corso".

Michele responds with a friendly smile. "Sure, Marco! Her boyfriend's name is Carlo. He's a guy she knows from college. They study together and are classmates."

Marco ascolta con attenzione, recependo le informazioni. "Capisco. Da quanto tempo stanno insieme?

Marco listens attentively, assimilating the information. "I understand. How long have you been together?"

Michele riflette per un momento. "Credo che si frequentino da circa sei mesi. Si sono conosciuti in un gruppo di studio e da allora sono diventati amici e poi fidanzati. Allora perché tanto interesse per il ragazzo di Flora?".

"Nessun motivo, solo curiosità", risponde Marco.

Michele reflects for a moment. "I think they've been dating for about six months. They met in a study group and have been friends and then boyfriend and girlfriend ever since. So why so much interest in Flora's boyfriend?"

"No reason, just curious," Marco replies.

A Michele tutte queste domande sembrano un po' strane, ma l'insegnante di chimica inizia a parlare, così Michele si concentra sulla classe.

To Michele, all these questions seem a little strange, but the chemistry teacher starts talking, so Michele concentrates on the class.

Marco presta attenzione alla lezione di chimica, anche se la sua mente pensa ancora a Flora e alla sua relazione con Carlo. Le informazioni che Michele gli ha dato lo scoraggiano un po', ma capisce anche che l'amicizia con Flora è importante per lui.

Marco pays attention to the chemistry class, although his mind is still thinking about Flora and her relationship with Carlo. The information Michele has given him makes him feel a little discouraged, but he also understands that his friendship with Flora is important to him.

Dopo la lezione, Marco e Michele si incontrano nel corridoio e decidono di andare a prendere un caffè insieme. Seduti al tavolo, Marco decide di aprirsi un po' di più con l'amico.

After class, Marco and Michele meet in the hallway and decide to have coffee together. As they sit at a table, Marco decides to open up a little more with his friend.

"Michele, grazie per avermi parlato di Carlo. La verità è che il motivo delle mie domande è che vorrei essere più che amico di Flora. Ma ora che so che ha un fidanzato, so che devo rispettare il loro rapporto e la nostra amicizia".

"Michele, thank you for telling me about Carlo. The truth is the reason for my questions is that I would like to be more than friends with Flora. But now that I know she has a boyfriend, I know I have to respect their relationship and our friendship."

"Capisco come ti senti, Marco. A volte il cuore ci porta su strade complicate. Ma è importante rispettare le decisioni degli altri".
Marco sospira e gioca con la sua tazza di caffè. "Sì, hai ragione".

"I understand how you feel, Marco. Sometimes, the heart leads us down complicated paths. But it's important to respect the decisions of others."

Marco sighs and plays with his coffee cup. "Yes, you're right."

Michele gli dà una pacca rassicurante sulla spalla. "Questo è l'atteggiamento giusto, amico mio. Il tempo ti aiuterà a guarire da questi sentimenti e chissà, forse il destino ha in serbo altre sorprese per te".
Michele gives him a comforting pat on the shoulder. "That's the attitude, friend. Time will help you heal those feelings and, who knows, maybe fate has other surprises in store for you."

Dare consigli *Giving advice*
Immaginate che Marco sia tuo amico e che ti parli della sua delusione d'amore. Quale consiglio daresti a Marco? *Imagine that Marco is your friend and he tells you about his disappointment in love. What advice would you give Marco?*

_____
_____
_____
_____
_____
_____

Un nuovo inizio

A new beginning

Un giorno, il padre di Marco è molto serio e dice a Marco che deve dirgli qualcosa di importante.
One day, Marco's father is very serious and tells Marco that he must tell him something important.

Si siedono a tavola davanti a un caffè e suo padre le dice che tra una settimana dovranno trasferirsi in un'altra città perché lui ha un nuovo lavoro lì.
They sit at the table over coffee and her dad tells her that in a week's time they have to move to another city because he has a new job there.

Marco è un po' triste perché questo significa allontanarsi da Michele, Flora e i suoi amici. Nel fine settimana, Marco va a casa di Michele per salutare l'amico e Flora.
Marco feels a little sad because this means moving away from Michele, Flora and his friends. On the weekend, Marco goes to Michele's house to say goodbye to his friend and Flora.

Marco e la sua famiglia iniziano a imballare le loro cose in scatole. Mettono i libri, i giocattoli e i vestiti in grandi scatole. Quando finiscono di imballare, caricano tutto sul camion dei traslochi. Marco dice addio alla sua vecchia casa e prova nostalgia.

Marco and his family begin packing their belongings into boxes. They put their books, toys and clothes in big boxes. When they finish packing, they load everything into the moving truck. Marco says goodbye to his old house and feels nostalgic.

Durante il viaggio verso la nuova città, Marco siede sul sedile posteriore dell'auto e guarda fuori dal finestrino. Vede come cambiano gli edifici e i paesaggi man mano che si allontanano dalla sua città precedente.

On the trip to the new city, Marco sits in the back seat of the car, looking out the window. He sees how the buildings and landscapes change as they move away from his previous city.

Finalmente arrivano alla loro nuova casa. È una bella casa con un ampio giardino. Marco si sente un po' meglio quando vede il posto in cui vivranno.

Finally, they arrive at their new home. It is a nice house with a spacious garden. Marco feels a little better when he sees the place where they will live.

Disfano gli scatoloni e mettono ogni cosa al suo posto. Marco vede la sua stanza prendere forma e comincia a sentirsi più a suo agio.

They unpack the boxes and put everything in its place. Marco sees his room taking shape and begins to feel more comfortable.

Il giorno dopo, il padre di Marco lo accompagna nella nuova scuola. Marco è nervoso all'idea di incontrare nuovi compagni di classe. Quando arriva a scuola, l'insegnante gli presenta i suoi compagni.

The next day, Marco's father takes him to the new school. Marco is nervous about meeting new classmates. When he arrives at school, the teacher introduces him to his classmates.

All'inizio si sente timido, ma gli altri studenti sono amichevoli e accoglienti. Nel corso della giornata, Marco si rende conto che nella sua nuova scuola ci sono molti studenti interessanti.

At first, he feels shy, but the other students are friendly and welcoming. Throughout the day, Marco realizes that there are many interesting students at his new school.

Comincia a fare amicizia e si sente meno triste per aver lasciato i suoi vecchi amici. Dopo la scuola, Marco e suo padre esplorano insieme la città.

He begins to make friends and feels less sad about leaving his old friends. After school, Marco and his father explore the city together.

Scoprono un parco vicino e si divertono a giocare sulle altalene. Con il passare dei giorni, Marco si adatta alla sua nuova vita nella nuova città.

They discover a nearby park and have fun playing on the swings. As the days go by, Marco adapts to his new life in the new city.

Un bellissimo incontro

A beautiful encounter

Un giorno, mentre passeggia nel parco vicino a casa sua, Marco incontra una ragazza della sua età seduta su una panchina che disegna su un quaderno. Marco si avvicina timidamente e le sorride.

One day, while walking in the park near his house, Marco comes across a girl his age sitting on a bench, drawing in a notebook. Marco shyly approaches her and smiles.

"Ciao, cosa stai disegnando?", chiede Marco con curiosità.
La ragazza alza lo sguardo e ricambia il sorriso. "Ciao! Sto disegnando il paesaggio del parco, mi piace catturare momenti nei miei disegni. Io sono Anna, e tu?".

"Hi, what are you drawing?" asks Marco curiously. The girl looks up and smiles back. "Hi! I'm drawing the landscape of the park, I love to capture moments in my drawings. I'm Anna, and you?"

**"Io sono Marco. Piacere di conoscerti, Anna",
risponde Marco, eccitato dalla prospettiva di
una nuova amicizia.**

"I'm Marco. It's nice to meet you, Anna," Marco replies, feeling excited about the possibility of making a new friendship.

Anna gli mostra il suo quaderno e i disegni che ha realizzato. Marco è colpito dal suo talento artistico. Parlando, i due scoprono di avere molte cose in comune, come la passione per i libri e la storia.

Anna shows him her notebook and the drawings she has made. Marco is impressed by her artistic talent. As they talk, they discover that they have many things in common, such as their passion for books and history.

Marco invita Anna a passeggiare insieme nel parco e i due continuano a parlare animatamente. Si rendono conto di avere un legame speciale e si sentono a proprio agio l'uno con l'altra.

Marco invites Anna to walk in the park together and they continue to talk animatedly. They realize they have a special connection and feel comfortable with each other.

Con il tempo, Marco e Anna diventano inseparabili. Trascorrono molto tempo insieme, esplorando la città, condividendo risate e scoprendo nuovi posti.
Over time, Marco and Anna become inseparable. They spend a lot of time together, exploring the city, sharing laughs and discovering new places.

Anna mostra a Marco il suo caffè preferito, dove trascorrono i pomeriggi chiacchierando e gustando deliziosi dolci.
Anna shows Marco her favorite coffee shop, where they spend afternoons chatting and enjoying delicious desserts.

Man mano che la loro amicizia si rafforza, Marco comincia a capire che i suoi sentimenti per Anna vanno oltre la semplice amicizia. Ogni volta che la vede sente le farfalle nello stomaco.
As their friendship grows stronger, Marco begins to realize that his feelings for Anna go beyond

simple friendship. He feels butterflies in his stomach every time he sees her.

Un giorno, tirando fuori tutto il suo coraggio, Marco decide di esprimere i suoi sentimenti ad Anna. La riporta al parco dove si sono conosciuti e, con il cuore in gola, le confessa i suoi sentimenti.

One day, summoning all his courage, Marco decides to express his feelings to Anna. He takes her back to the park where they met and, with his heart racing, confesses his feelings to her.

"Anna, dal momento in cui ti ho incontrato, la mia vita è meravigliosa. Sei una persona incredibile e mi fai sentire felice. Non posso fare a meno di innamorarmi di te: vorresti essere più che una semplice amica?"

"Anna, from the moment I met you, my life is wonderful. You are an amazing person and you make me feel happy. I can't help but fall in love with you, would you like to be more than just friends?"

Anna rimane in silenzio per un momento, elaborando le parole di Marco. Poi un sorriso sincero si forma sul suo volto.

Anna is silent for a moment, processing Marco's words. Then, a sincere smile forms on her face.

"Marco, sei molto speciale per me. Sento anche qualcosa di più dell'amicizia. Mi piacerebbe essere più che amici, se anche tu lo desideri".

"Marco, you are very special to me. I also feel something more than friendship. I would love to be more than friends, if you would like that too."

Il cuore di Marco si riempie di gioia e di emozione quando sente le parole di Anna. Si abbracciano e si scambiano un dolce bacio nel parco, segnando l'inizio di una bellissima relazione.

Marco's heart fills with joy and emotion when he hears Anna's words. They embrace and share a sweet kiss in the park, marking the beginning of a beautiful relationship.

Da quel giorno, Marco e Anna esplorano la vita insieme, sostenendosi a vicenda nei loro

sogni e obiettivi. Condividono risate, avventure e momenti indimenticabili. La nuova città diventa lo scenario della loro storia d'amore.

From that day on, Marco and Anna explore life together, supporting each other in their dreams and goals. They share laughs, adventures and unforgettable moments. The new city becomes the stage of their love story.

Marco impara che i nuovi inizi possono portare opportunità meravigliose e che a volte il destino ci sorprende con persone speciali nei momenti più inaspettati.

Marco learns that new beginnings can bring wonderful opportunities and that sometimes fate surprises us with special people at the most unexpected times.

Con Anna al suo fianco, Marco ritrova la felicità e la gioia.

With Anna by his side, Marco finds happiness and joy.

Un capitolo finale *A final chapter*
Inventa un finale per questa storia: Marco e Anna stanno insieme felicemente? Cosa succede alle loro vite? Scrivi il capitolo finale. *Make up an ending for this story, do Marco and Anna stay together and happy? What happens to their lives? Write the final chapter.*

Printed in Great Britain
by Amazon